돈 되는 육아 블로그로 수익 창출하기

발   행 | 2022년 07월 11일

저   자 | 황유리

펴낸이 | 이동윤

펴낸곳 | 도서출판 윤들닷컴

출판사등록 | 2017.06.01.(제2017-000017호)

주   소 | 부산광역시 해운대구 선수촌로 146-4, 101동 1202호

전   화 | 010-9288-6592

이메일 | orangeki@naver.com

ISBN 979-11-970318-4-7

www.yoondle.com

돈 되는

육아 블로그로

수익 창출하기

황유리 지음

프롤로그

'블로그로 돈을 벌 수 있나요?'
블로그 강사로 일하며 가장 많이 듣는 질문입니다.

그러면 저자는 이렇게 대답하고는 합니다.
'네. 블로그로 돈을 벌 수 있습니다. 당신의 시간을 투자하신다면요.'

물론 블로그를 돈을 벌겠다는 목적으로 시작해야 하는 것은 아닙니다. 당신이 좋아하는 주제로 블로그를 운영하며 부가적으로 수익을 창출할 수 있다는 뜻이죠. 실제로 블로그 자체로 얻을 수 있는 수익보다는 당신의 능력을 블로그 밖에서 보여줄 때 얻는 수익이 훨씬 큽니다. 블로그는 자신의 전문성을 발휘할 기회이자 나의 목표를 이룰 수 있는 도구라고 생각하는 것이 좋습니다.

블로그를 운영하는 데는 큰 자본이 필요하지 않습니다. 컴퓨터와 스마트폰, 그리고 글을 쓸 시간이 있으면 됩니다. 여기서 '글'은 내 생각을 표현할 수 있는 가장 쉬운 콘텐츠입니다. 글쓰기는 남녀노소 도전할 수 있고, 시작하는데 대단한 이력이 필요하지 않습니다.

이 글을 읽는 당신이 블로그를 시작하더라도 삶이 당장 변화하지는 않을 것입니다. 왜냐하면 블로그는 자신의 시간을 꾸준히 투자해야 하기 때문입니다. 그러나 나의 글이 계속 쌓이면, 그 이야기는 달라집니다.

당신이 아이를 키우는 엄마라면 육아 블로그에 꼭 도전해 보시기를 바랍니다. 육아 블로그는 생각지 못한 부가 수익을 창출할 수 있을 뿐만 아니라 자신의 이야기를 담아내며 힐링할 수 있는 소중한 공간임을 알게 되셨다면 말이죠.

목차

파트 1

육아 블로그를

하지 않으면

손해를 본다고요?

아이를 키우면서 육아 블로그를 안 한다고요?

지금 블로그를 하지 않는 사람이라도 어떤 정보를 얻으려 네이버 검색을 통해 타인의 블로그에 방문한 적이 있으실 겁니다. 저자 역시 육아 블로그를 시작하기 전에는 다른 사람들의 글을 보기만 했고, 블로그로 돈을 벌 수 있을 것이라는 생각을 전혀 하지 못했습니다. 방법을 몰랐으니까요.

다만 블로그 글 하단에 '업체로부터 제품 협찬을 받았습니다.'라는 문구를 보며 '어떤 사람이 협찬을 받고, 어떻게 해야 협찬을 받을 수 있을까?'에 대한 막연한 궁금증과 함께, 나도 협찬을 받아보고 싶다는 부러운 마음이 들었을 뿐이죠.

블로그의 강점은 초기 비용이 없다는 점입니다. 블로그에 올릴 사진을 찍고 글을 쓰는 시간과 성실함이 있다면 블로그는 엄마가 아이를 키우며 할 수 있는 최고의 부업이 될 수 있습니다.

저자는 블로그를 통해 갖가지 생활용품, 교육, 학습 서비스, 패션용품, 먹거리와 요리 도구, 영양제, 장난감과 만들기 키트, 가구, 가전제품, 음식, 미용실 등의 협찬을 받고 있습니다. 블로그 체험단과 협찬을 받는 방법을 알려드리기 전에 저자가 육아 블로그로 받아 본 혜택 중에 대표적인 것들을 모아보았습니다.

저자가 육아 블로그를 하면서

이런 협찬을 받았습니다.

1) 생활용품

　아이를 키우다 보면 가장 많이 구매하게 되는 것이 바로 생활용품입니다. 대표적으로 기저귀, 마스크, 유아 로션, 샴푸 등이 있습니다. 생활비 비중의 절반 이상을 차지하는 생활용품은 매번 구매하기에 은근 부담이 됩니다. 저자는 블로그를 통해 갖가지 육아용품을 무료로 받아서 사용하며 생활비를 절감할 수 있었습니다.

　기저귀나 분유는 여러 가지 종류가 있어서 아이에게 맞는 것을 고르기가 쉽지 않은데, 저자는 체험단을 통해서 다양한 제품들을 사용해 보고 우리 아이에게 맞는 기저귀를 찾을 수 있었습니다. 유아 로션이나 샴푸 역시 내 돈 들이지 않고 사용해 볼 수 있기에 아이가 어릴수록 육아 블로그를 시작하는 것을 추천합니다.

2) 교육, 학습 서비스

특히 육아 블로거에게 좋은 체험단 중 하나가 바로 학습에 관련된 것들입니다. 요즘 아이를 위한 영어나 중국어 같은 외국어 학습 서비스가 굉장히 많이 나오고 있습니다. 좋은 서비스들을 무료로 몇 개월 동안 이용할 수 있는데, 이걸 알면서도 체험단을 하지 않으면 손해를 보는 것과 같습니다.

저자가 받은 협찬은 앞서 말씀드린 외국어 관련 서비스, 장난감, 카드, 게임 등이 있습니다. 이용해 보고 아이가 좋아하고 만족했던 서비스라면 기꺼이 정기구독을 하기도 합니다. 체험해 본 블로거가 상품을 구매하면 업체에서 자체적으로 할인을 해 주기도 하므로 일석이조 이상이라고 할 수 있습니다.

3) 패션용품

아이들은 금방 큽니다. 그래서 매해 사서 입히는 옷값도 만만치가 않습니다. 만약 내가 원하는 디자인에 질이 좋은 옷을 무료로 받을 수 있다면 어떻게 하시겠습니까?

아이의 겉옷, 외출복, 내의, 속옷, 양말 그리고 심지어는 어린이집 이불까지도 체험할 수 있습니다. 마음에 드는 디자인을 선택해서 체험할 수 있기에, 엄마들이라면 블로그를 해야 할 이유가 이것만으로도 충분합니다.

육아 블로그를 운영하며 아이뿐만 아니라 저자 역시 다양한 패션용품을 체험했습니다. 모자, 옷, 귀걸이 등 원하는 디자인을 선택할 수 있으니 한 번 도전해 보세요.

4) 먹거리와 요리 도구

어린이가 되면 어른처럼 일반식을 먹을 수 있지만 아주 어린 아기들은 이유식과 죽, 아기과자 같은 것들을 먹어야 합니다. 아기용 먹거리는 유기농이라 비싸기도 하고 아이마다 입맛이 달라서 많이 구매해두면 부담스럽습니다. 쌀, 이유식 재료뿐만 아니라 시판 이유식도 받아볼 수 있습니다. 특히 과자 같은 먹거리는 아이 친구들에게도 선물할 수 있다는 장점이 있습니다.

육아 블로거가 되면 아이들의 먹거리는 물론 음식을 만들거나 보관할 수 있는 도구까지 받을 수 있어 큰 도움이 됩니다. 이유식을 만드는 데 필요한 고가의 도구나 음식 재료도 무료로 받아 사용할 수 있으므로 육아에 큰 도움이 됩니다.

5) 영양제

저자는 체험단을 하면서 어린이 영양제 시장이 이렇게 넓은 줄 처음 알았습니다. 그만큼 우리를 기다리고 있는 영양제 체험단이 정말 많습니다. 홍삼, 칼슘, 비타민, 오메가3 등을 육아 블로거에게 제공합니다. 젤리 형태로 된 어린이 영양제 체험이 많은데 아이가 즐겁게 먹고 더 달라고 할 때 육아 블로거로서 뿌듯함을 느끼기도 합니다.

아이가 잘 먹을지 안 먹을지 잘 모르는 상태에서 제 돈 주고 사기엔 아까운 고가의 영양제들을 정품으로 받아볼 수 있다는 것이 큰 장점입니다. 대부분 믿을 수 있는 제약회사에서 만드는 제품들이고, 아이가 잘 먹으면 곧바로 구매로 이어지니 육아 블로거와 제공한 업체 모두에게 이득이므로 추천합니다.

6) 장난감과 만들기 키트

아이가 가지고 싶어 하는 장난감을 모두 사줄 수 있으면 좋겠지만, 현실적으로 다 사주기는 어렵습니다. 육아 블로거가 되면 이런 아쉬운 부분을 어느 정도 상쇄할 수 있습니다. 아기들의 소꿉놀이, 물놀이 장난감부터 어린이들의 로봇, 카드, 자동차, 기차 장난감까지 체험할 수 있습니다.

만들기 키트를 제공하는 업체도 많아서 다양한 재료로 만들기를 할 수 있습니다. 그림 그리기, 찰흙으로 만들기, 핼러윈 램프 만들기, 눈 오는 날 눈사람 모형 만들기뿐만 아니라 버섯 키우기, 이끼 키우기 등의 다채로운 체험 활동을 할 수 있어서 엄마와 아이 모두에게 만족스러울 것입니다.

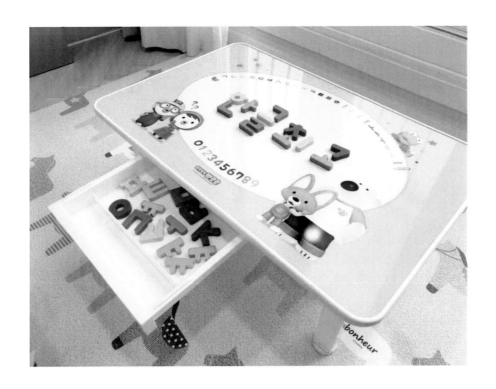

7) 가구

저자가 육아 블로거를 시작한 초반에 받았던 가장 비싼 협찬이 바로 어린이 책상, 의자 세트였습니다. 20만 원 대의 가구를 받고 포스팅을 하다 보니 '나도 이제 영향력이 있는 블로거구나'하는 생각이 들며 블로그를 더욱 열심히 쓰게 되는 계기가 되었습니다. 가격도 가격이지만 업체에 신뢰를 주는 육아 블로거가 되어서 기뻤습니다.

블로그에 글을 꾸준히 그리고 정성스럽게 쓰다 보면 생각지도 못한 고가의 가구를 협찬받게 되는 일도 생기게 됩니다. 고가 제품뿐만 아니라 실용적인 어린이 캐릭터 가구도 종종 협찬을 받습니다. 자주 사용하고 생활에 꼭 필요한 제품을 받으니 만족도가 높아서 블로그에 글을 쓰는 것이 곧, 미래를 위한 투자로 느껴지기도 합니다.

8) 공연

　육아 블로거는 제품뿐만 아니라 다양한 서비스를 제공받습니다. 그중 하나가 바로 공연입니다. 어린이 연극, 뮤지컬, 콘서트, 미술관, 전시회 등의 공연에 초대를 받아 다녀오기도 합니다. 영향력이 큰 육아 블로거의 경우 초대권만 받는 것이 아니라 원고료를 받기도 합니다. 저자 역시 원고료를 받으며 체험할 때도 있습니다.

　무료로 고퀄리티의 공연을 보고 아이와 추억을 남기면서 원고료까지 받을 수 있다면 어떻게 하시겠습니까? 게다가 그 추억이 자신의 블로그에 기록으로 남아 매번 꺼내 볼 수 있다면요? 공연 티켓은 기본적으로 1인당 2만 원 이상이기에 육아 블로거라면 놓칠 수 없는 기회라고 할 수 있습니다.

9) 키즈카페

주말에 키즈카페는 항상 북적입니다. 그중에 무료로 가는 사람이 있다면 바로 육아 블로거들입니다. 키즈카페 체험은 체험단 사이트에서 블로거가 직접 신청할 수도 있고 메일이나 쪽지로 업체에서 직접 초청하기도 합니다.

키즈카페 체험은 어린이와 보호자의 입장료뿐만 아니라 음료, 음식도 포함입니다. 방문해서 맛있는 음식을 맛보고 음료도 마시고 즐겁게 시간을 보낼 수 있습니다.

체험단은 대부분 이용 후기를 솔직하게 작성하면 되기에 큰 부담이 되지 않으므로 육아 블로그를 통해 아이들과 추억을 만들어보시길 추천합니다.

저자가 이용하는 체험단으로 블로그 쉽게 시작하기

블로그 체험단은 식당이나 판매자 등의 광고주에게 소개비를 받는 중개 업체에서 운영합니다. 체험단 사이트에 올라온 상품이나 서비스 중에서 블로거가 직접 선택하여 지원합니다. 이후 중개 업체에서 블로그의 성격과 방문자 수 등을 고려해 블로거를 선정하면 체험할 수 있는 구조입니다.

우리나라에는 제가 이용해 본 곳만 해도 서른 곳이 넘을 만큼 많은 체험단이 있습니다. 크게는 자체 사이트가 있는 규모 있는 체험단과 네이버 블로그나 카페를 이용한 소규모 체험단이 있습니다. 저자가 블로그를 운영하다 보면 포스팅 댓글로 체험단 담당자가 직접 섭외할 때도 있곤 합니다.

물티슈

지구를 위한 착한 선택, 　　　　　　　　물티슈

Blog

캠페인 정보　　　신청자 **1,135**/30

탄산수 　　　　　500ml

얼음처럼 순수하고 투명한, 새로운 청량감의 탄산수

Blog

캠페인 정보　　　신청자 **1,280**/10

　이제 막 블로그를 시작한 초보 블로거라면 이렇게 신청자가 많은 체험단에 바로 당첨되기는 어렵습니다. 만약 당신이 체험단 운영자라면 글이 100개인 블로거와 글이 10개 미만인 블로거 중에 어떤 사람을 선택하시겠습니까? 당연히 더 많은 글을 쓴 블로거를 선택하겠지요. 만약 두 블로거의 글 수가 비슷하다면 정성이 더 들어간 글을 포스팅한 블로거를 선호합니다.

　지금부터는 저자가 초보 블로거일 때 이용했던 체험단부터, 방문자 수가 100명 정도일 때도 체험단에 선정이 잘 되었던 꿀팁, 당신에게 어울리는 체험단을 알아보는 방법 그리고 체험단 사이트 리스트를 차례대로 소개하겠습니다.

체험단에 잘 선정되는 꿀팁 대 방출

　블로그 체험단은 방문자 수, 게시물 수, 이웃 수, 블로그 주제, 글의 퀄리티 등을 고려합니다. 체험단에 신청한 블로거 중 경쟁자끼리 비슷한 블로그를 운영하고 있다면 대부분 방문자 수가 많거나 관련 주제의 글이 많은 블로거를 선택합니다. 체험단 캠페인 인플루언서로 선정되면 아래와 같은 문자나 메일이 옵니다.

　축하합니다. 캠페인 인플루언서로 선정되었습니다.
발급된 캠페인 체험권을 확인 후 서비스를 이용해 주세요.
업체와의 예약이 필요할 경우, 체험권에 표기된 전화로 예약부탁 드리며, 방문 후 체험권을 담당자에게 제시해 주세요. 자세한 사항은 체험권 및 상세정보에서 확인해주세요.

그렇다면 초보 블로거는 아무 체험단도 할 수 없는 걸까요? 아닙니다. 물론 처음에 지원하면 떨어지는 경우가 열 번 중에 아홉 번은 될 것입니다. 그러나 체험단에 지원하는 데에는 돈이 전혀 들지 않으므로 내가 원하는 체험에 마음껏 지원하면 됩니다. 탈락하더라도 블로거가 손해 볼 것은 전혀 없습니다.

D-day 2   📄 신청 1명 / 모집 10명   D-day 2   📄 신청 5명 / 모집 10명

체험단 사이트에 접속하면 신청 마감일과 지원자 수가 뜹니다. 위의 사진처럼 상대적으로 지원자가 적은 상품이나 지역 맛집 체험단에 도전해 보세요. 하나씩 당첨되어 리뷰를 하다 보면 당신도 어느새 체험단 선정이 잘 되는 블로거가 되어 있을 겁니다.

당신이 블로그를 시작한 지 얼마 되지 않았다면, 일단 내가 사용하는 제품이나 집 근처 음식점을 방문하여 느낀 점을 그대로 적어보세요. 만약 고깃집에 방문했다면 네이버 검색창에 그 고깃집 이름을 검색해 보고 제일 먼저 나오는 고깃집 리뷰를 참고하셔도 좋습니다. 리뷰가 많으면 많을수록 체험단에 선정될 확률이 높아집니다.

저자가 추천하는 체험단 사이트

　체험단은 크게 블로그형, 카페형 그리고 사이트형으로 나뉘어 있습니다. 블로그형과 카페형 체험단은 사이트형보다는 소규모이므로 처음 블로그 체험단을 시작할 때 당첨이 되기에 유리한 장점이 있고, 사이트형 체험단은 상대적으로 높은 퀄리티의 제품이나 서비스를 제공하고 있다고 보면 됩니다. 아래에 저자가 주로 이용하는 체험단 사이트 목록을 공유하였으므로 즐겨찾기에 저장하셔서 종종 방문하시기를 추천합니다.

블로그형 체험단(가나다 순)	사이트 주소
라이프체험단	https://blog.naver.com/life_blog
리뷰의만족	https://blog.naver.com/dlwornsla12345
블로그119	https://blog.naver.com/jyplove7942
블로그랩체험단	https://blog.naver.com/bloglab00
블로그원정대	https://blog.naver.com/ajw4151
블로그주민센터	http://www.from-blog.com/
소나무체험단	https://blog.naver.com/sonamublog1
씽씽체험단	https://blog.naver.com/domingom8
애드인체험단	https://blog.naver.com/adpeople01

사이트형 체험단(가나다 순)	사이트 주소
강남맛집	https://강남맛집.net/
구구다스	https://99das.com/
네이버 무료체험	https://shopping.naver.com/plan2/p/experience.naver
놀러와체험단	https://cometoplay.kr/
디너의여왕	https://dinnerqueen.net/
레뷰	https://www.revu.net/
리뷰어스	https://reviewus.co.kr/
리뷰플레이스	https://www.reviewplace.co.kr/
링블체험단	https://www.ringble.co.kr/
모두의체험단	https://modublog.co.kr/
모아스픽체험단	https://www.moaspick.com/
미블	http://www.mrblog.net/
뷰티의여왕	https://bqueens.net/
서울오빠	https://seoulouba.co.kr/
스타트체험단	http://startchallenge.co.kr/
스토리앤체험단	https://www.storyn.kr/
어디야체험단	http://www.odiya.kr/
에코블로그	https://echoblog.net/
오마이블로그	https://www.kormedia.co.kr/
오블리뷰	https://obliview.co.kr/
체험단닷컴	http://chehumdan.com/
체험뷰	https://chvu.co.kr/
클라우드리뷰	https://www.nugunablog.co.kr/
티블	https://www.tble.kr/
파블로체험단	https://www.powerblogs.kr
포블로그	http://www.4blog.net/
하이블로그	https://www.highblog.co.kr/

나에게 딱 맞는 체험단 알아보기

당신이 육아 블로거라면 가장 공략하기 쉬운 아이템이 바로 육아용품입니다. 아이를 키우며 직접 사용하고 있는 제품을 포스팅하면서 미리 내 블로그의 정체성을 알린다면 체험단 담당자가 당신을 선택하기 수월할 것입니다.

전체	생활	서비스	**유아동**	디지털	뷰티	패션	도서	식품	반려동물

체험단 사이트와 블로그에는 대부분 육아용품 카테고리가 있습니다. 육아에 관련된 체험단은 워낙 경쟁이 치열하기에 고가 제품보다는 상대적으로 브랜드가 덜 알려져 있거나, 사람들이 많이 지원하지 않은 저렴한 저가 제품이나 서비스에 지원하여 차근차근 체험 단계를 높여가는 것이 좋습니다.

규모가 있는 대형 체험단 사이트보다 규모가 작은 블로그형이나 카페형 체험단을 공략할 수도 있습니다. 아무래도 사이트형 체험단보다는 홍보가 덜 되기 때문에 체험단에 당첨되기는 좀 더 수월한 편입니다.

블로그형 체험단에서 지원자 수를 알아보는 방법은 댓글 수입니다. 여기서는 보통 비밀댓글로 블로그 사이트와 연락처를 남기면 신청이 완료되는데, 댓글 수를 보면 대략 몇 명이 지원했는지 알 수 있기에 댓글이 적은 체험단에 지원해 보세요.

일단 체험단에 당첨되었다면 성심성의껏 글을 작성하시길 추천합니다. 방문자 수가 적은 초보 블로거일수록 경쟁력은 '좋은 글'에 있음을 잊지 마세요.

어머나! 나에게도 협찬 제안 메일이 왔어요.

[체험파트너제안] 브랜드   에서 제품   체험 파트너를 제안드려요.

보낸사람

받는사람

안녕하세요. 유리한맘 인플루언서님

             라고 합니다.

다양한 일들로 많이 바쁘실 텐데, 메일을 확인해주셔서 정말 감사합니다.

인플루언서님의 포스팅들을 인상 깊게 보고 연락드리게 되었어요.

솔직한 사용 후기와 뛰어난 사진 퀄리티를 보면서 시간 가는 줄 모르고 읽었습니다.

저희는 콘텐츠 퀄리티 측면에서 뛰어난 수준의 분들께 직접 컨택을 진행하고 있어요!

그래서 직접 저희   제품을 체험하시고 솔직한 후기를 요청드리는 방식으로 체험 파트너를 제안하고 싶습니다.

안녕하십니까? 네이버블로그 보고 연락드렸습니다.

보낸사람

받는사람

안녕하십니까?

유리한맘 님!

         관련 블로그를 검색하던 중에 유리한맘 님의 블로그를 보고 연락드렸습니다.

저희는 서울에 위치한   입니다.

귀하를 저희   의 서포터즈로 모시고 싶습니다.

협찬사가 방문자 수가 적은 블로그에
협찬을 제안하는 이유

블로거가 신청하면 일정 심사 후에 선정되는 체험단과 달리, 협찬은 제품이나 서비스를 제공하는 업체에서 블로거에게 직접 제안하는 방식으로 이뤄집니다. 제품의 금액도 비싸면 몇십만 원 수준인 체험단에 비교해 최대 수백만 원대로 굉장히 높아집니다.

굉장히 고가의 제품을 제공하겠다는 협찬사가 있었습니다. 방문자 수가 1천 명도 되지 않을 때여서 굉장히 놀랐습니다. 그동안 블로그에 글을 정성스럽게 올렸기 때문에 받을 수 있는 제의였다고 생각합니다. 고가일수록 무조건 좋은 협찬은 아니지만, 이런 협찬을 받고 나면 블로거로서의 자존감이 높아지기도 합니다.

상품이나 서비스에 대한 글을 작성한 후에 상위 노출이 되거나 협찬사가 만족할 만큼 사진이나 글의 퀄리티가 좋으면, 지속해서 협찬해 주기도 합니다. 방문자 수가 많지 않더라도 교류하는 블로그 이웃이 많거나 블로그에 글을 자주 쓰는 사람일수록 협찬을 받을 확률이 높아집니다.

협찬 제의가 왔을 때 수락하지 않더라도 담당자에게 메일 답장을 해주는 것이 좋습니다. 또 다른 기회가 올 수 있기에 협찬사를 잘 관리하면 도움이 됩니다.

많은 협찬 제안 중에서
진짜 협찬사를 구별하는 방법

공식적으로 사이트가 있는 체험단과는 달리 협찬은 개인 메일이나 쪽지로 받는 경우가 많습니다. 블로그 운영 초기에는 협찬 문의 메일과 쪽지를 대부분 무시했습니다. 어떤 곳이 진짜 믿을 수 있는 협찬사인지 알 수 없었기 때문입니다.

> 안녕하세요•◡• 코로나로 힘든 요즘 괜찮으신가용!?
> 지금은 투잡시대 N잡시대라고 불리죠 !!
>
> 직장인인 제가 폰 하나루 매일 매일 일급!!
> 합법적으로 <<월 500 마논!!>> 벌어요♡
> 누구나 할수 있는 시스템 혼자가 아닌 팀으로
> 하기에 아무 걱정 없이 할수 있어여! ㅎㅎ
>
> 상식으론 돈을 벌순 없지만,
> 정보로는 인생을 바꿀수 있습니다 ▨

대표님 블로그 보고 연락 드렸습ⓛ l ⒯。
ㄷ ㅏ름이 아니⒣ 포스팅 의뢰좀 드리고 싶어서 연락드렸구요
원고 사진은 무죽건 새것 항상 제것 처럼 진행 ⓗ ㅏ겠습니다
⒣루 2~3개 포스팅 하고 원고료는 ⒦특 주시면 ⒮세히 설명 드리겠습니ㄷr

신뢰할 수 있는 협찬사를 구별하는 방법에는 여러 가지가 있습니다. 첫 번째로 스팸으로 구분되는 메일이라면 무시하는 게 좋습니다. 이용자가 따로 설정한 스팸 단어가

아니라면 대부분 일반 메일로 받아볼 수 있지만, 이상한 단어가 혼합된 메일 제목이라면 자동으로 스팸 처리되므로 무시하시길 바랍니다.

브랜드로부터 무상으로 제공받았으나 주관적으로 작성된 후기입니다

    두 번째로 제공하는 제품을 네이버로 검색하고 블로그 포스팅 하단에 '업체로부터 상품이나 서비스를 제공받아 작성한 후기입니다.'와 같은 문구가 있다면 대부분 문제가 없는 협찬사라고 생각하시면 됩니다.

    세 번째로 네이버나 구글 폼으로 신청을 받거나 협찬 내용에 대해 상세하게 적어주는 업체는 대부분 믿을 수 있는 곳입니다. 서비스 제공인 경우, 업체 지도와 제공 내역과 정보를 자세하게 공지하므로 이를 참고하셔서 협찬을 받아보시길 바랍니다.

〈절대로 해서는 안 되는 포스팅 1〉
업체에서 쓴 글을 그대로 올리면 돈을 준다고 합니다.

업체에서 운영하는 공식적인 기자단이 아닌 체험단이나 대행사에서 모집하는 기자단이 있습니다. 상품이나 서비스를 직접 체험하고 작성하는 것이 아니라 대행업체에서 작가가 쓴 글을 복사해서 내 블로그에 붙여넣기 하면 돈을 주는 구조입니다.

블로그 기자단 모집제안드려요!

주변 이웃들도 대부분 하고있는
간단한 포팅 광고제안드립니다.

누구나 손쉽게 할 수 있고
입.금도 당일로 해드리고있습니다.

글내용+이미지는 저희가 다 준비해드리기때문에
보고 그대로 옮겨만 작성하시면됩니다.

기자단 글을 포스팅하면 적게는 몇천 원부터 수십만 원까지 받습니다. 물론 기자단이 모두 좋지 않다고 말할 수는 없습니다. 내 블로그에 주로 올리는 글이 육아 정보이고 기자단의 글도 육아 정보와 관련된 글이라면 내 블로그에도 도움이 될 수 있기 때문입니다.

그러나 기자단 글은 이러한 점 때문에 위험할 수도 있습니다.

첫째, 사진과 글이 새것이 아닐 수 있습니다. 같은 사진을 가지고 비슷한 글을 여러 사람이 올리면 네이버에서 바로 알 수 있다고 합니다. 그렇기에 이런 글을 자주 올리면 차츰 상위 노출도 되지 않고 방문자 수도 줄어듭니다.

15년부터 저와 함께한 이 블로그에서 새롭게 이전하려고 합니다.

어떻게 해야할지 모를때부터 시작한 소소한일상 스토리였는데요ㅠㅠ

몇달전에 건바이건이라는 블테크 한번 해보겠다고 잘못 포스팅 하는 바람에

최적화된 블로그로 하루 1000명씩 오던 블로그가 하루하루 몇백명씩 줄었더니

블테기도 한번에 찾아오더라고요 한동안 쉬다가 미련이 남아서

나름 살려보겠다고 계속 포스팅도 하면서 해봤지만

한번 저품질 걸리면 힘들다는게 새삼 몸소 느꼈던것 같아요.

블로그를 잘 운영하던 이웃이 용돈을 벌어보겠다고 기자단 글을 받아서 몇 번 올린 이후로 지금은 방문자가 매우 적은 블로그가 되어 매우 후회하고 있다는 메일을 보내서 마음이 좋지 않았습니다.

둘째, 내 블로그의 성격과 맞지 않는 글이 주기적으로 올라오면 블로그에 악영향을 줄 수 있습니다. 육아 블로그에 보험이나 대출에 관련된 글이 어울릴까요? 저자 역시 몇십만 원을 준다며 글을 올려달라는 업체가 있지만 하지 않고 있습니다. 아이를 키우는 것처럼 소중하게 키워 온 블로그를 한순간에 망칠 수는 없기 때문입니다.

〈절대로 해서는 안 되는 포스팅 2〉
블로그 내용을 바꾸면 돈을 준다고 합니다.

오래전에 썼던 영양제 포스팅에 댓글이 달려서 읽어보았습니다. 한 광고대행사의 제안이었는데, 제가 작성한 글을 다른 업체의 제품 포스팅으로 바꿔주면 돈을 주겠다는 내용이었습니다. 돈을 받고 내용을 변경할 수도 있겠지만, 그러면 소중하게 키워온 블로그가 망가질 수 있습니다. 블로그를 하다 보면 실제로 이렇게 황당한 제안들이 자주 옵니다. 이럴 때는 대응하지 않는 것이 좋습니다.

안녕하세요 :)

        에 위치한   광고대행사   입니다!
저는 건강기능식품 및 자연건강식 브랜드 제품들의 바이럴 마케팅을 담당하고 있는
        이라고 합니다 :)

다름이아니라 과거에 작성하신 포스팅을
저희 제품 글로 수정하는 작업을 부탁드리고 싶어 연락드리게 되었습니다!
해당 작업을 진행하고 있는 이유는, 브랜드 제품에 대한 바이럴 효과를 더욱 높이기 위해서 입니다 ^^

블로그의 사진이나 내용이 사실과 다르다면 수정할 수도 있지만 불순한 의도로 내용을 바꾸는 것은 블로거의 신뢰도에 타격을 줄 수 있으므로 하지 않으시길 추천합니다.

〈저자가 협찬, 체험단을 하면서 겪은 황당한 일들 1〉
미용실 협찬을 받았는 데 5시간이나 걸린다면?

협찬과 체험단은 크게 방문형과 배송형으로 나뉘어 있습니다. 방문형은 블로거가 직접 방문하여 체험하고, 배송형은 집에서 택배를 받아 체험하는 방식입니다. 그중에서 미용실이나 음식점, 카페, 숙박시설 등은 방문하여 체험하는 방문형 협찬입니다.

저자는 블로그 글쓰기를 시작한 이후부터 미용실은 대부분 체험단이나 협찬을 받아 방문하고 있습니다. 협찬받을 수 있는 시술의 종류에는 컷, 펌, 염색, 클리닉 등이 있으며, 미리 고지된 시술 중에서 블로거가 서비스를 선택하여 시술받을 수 있습니다.

미용실에 일 년에 네 번 이상 방문하며 느낀 점이 있습니다. 미용실에서는 홍보를 위해 블로거에게 협찬을 제공하는데, 경력이 많은 미용실 원장이 블로그 검색 상위 노출을 위해 서비스를 제공하기도 하고 경력이 많지 않은 디자이너의 홍보와 블로그 리뷰 수를 늘리기 위해 협찬을 제공하기도 한다는 점입니다.

예전에 어떤 미용실에 방문해서 초보 디자이너에게 머리를 맡긴 적이 있습니다. 여성 펌은 시간이 많이 소요되기는 하지만, 일반적으로 서너 시간이면 머리가 다 완성되는데 이날은 다섯 시간 이상이 소요되었습니다.

머리를 해주는 미용사도 힘들었겠지만 다섯 시간은 같은 자리에 앉아있던 저자도 매우 힘들었습니다. 물론 초보 미용사라도 모두가 느린 손을 가진 것은 아닙니다. 다만 방문하기 전 어떤 미용사가 서비스를 제공하는지 미리 알 수 있기에, 이 부분을 고려하셔서 미용실 체험을 해보시는 것을 추천하고 싶습니다.

〈저자가 협찬, 체험단을 하면서 겪은 황당한 일들 2〉
맛집이라 갔는데 맛은 어디에 있나요?

맛집 체험단만 운영하는 업체가 있을 정도로 블로거에게는 음식점 체험을 할 수 있는 기회가 꽤 많습니다. 실제로 집 근처에 햄버거 가게가 생겼는데 오픈한 지 얼마 되지 않았음에도 지역 음식점 체험단 리스트에 올라와 있었을 정도입니다. 그만큼 식당에게 블로그 리뷰가 홍보에 매우 중요한 역할을 한다는 것을 알 수 있습니다.

저자가 방문했던 음식점들은 대부분 음식의 맛이 좋았습니다. 맛과 서비스에 자신이 있는 곳들이 홍보에 열을 올리는 경우가 대부분이기에 어쩌면 당연한 이야기이기도 합니다. 이미 맛집이라 더 많은 사람에게 알리기 위해 블로그 홍보를 하는 것입니다.

맛은 상대적이기에 맛이 있다, 없다는 것을 함부로 말하기 어렵습니다. 그렇기에 저자가 먹었을 때 맛이 없더라도 블로그 후기에 악평을 쓰지 않는 이유입니다. 아쉬운 점을 적을 수 있을지라도, 생계가 걸린 이들에게 피해가 가도록 할 수는 없으니까요.

〈저자가 협찬, 체험단을 하면서 겪은 황당한 일들 3〉
업체에서 승인한 사진을 올렸는데 저작권 침해라고요?

배송형 체험단으로 생활용품을 배송받아 체험한 적이 있습니다. 이때 업체에서 한 드라마 장면을 캡처해서 보내주며 블로그 포스팅에 같이 올려주기를 바랐습니다. 업체에서 저작권을 가지고 있는 협찬 사진이라서 별 고민하지 않고 글을 올렸습니다.

그로부터 약 3개월 이후 저자에게 심상치 않은 메일이 왔습니다. 저자가 방송국의 사전 허가 없이 방송 저작물의 무단 사용 및 배포행위가 확인되어 저작권 침해에 대한 손해배상청구를 하기에 앞서 메일을 보낸다는 내용이었습니다.

매우 황당한 내용이었기에 체험단 담당자에게 확인을 요청했습니다. 그분도 당황해하며 제품 제공을 해준 업체에 연락하였고 저작권 문제가 없음을 확인받았습니다. 받은 메일은 무시하면 되고 블로그에서 사진을 지울 필요도 없다고 했습니다.

약 2주 후 같은 법무법인에서 또 다른 메일이 왔습니다. 해당 방송사의 영상저작물 저작권 침해 법률 진행을 착수한다는 통지였습니다. 그래서 저자는 체험단 담당자에게 다시 확인을 요청하였으며 사진을 사용해도 된다는 답변을 받았고, 이후 1년이 지났는데 지금까지 아무런 문제가 없습니다.

방송 저작물 침해 관련 협조요청의 건 - 법무법인

보낸사람
받는사람

📎 **일반 첨부파일** 2개 (2MB) 모두 저장   🔲
　⬇ ⚙   .pdf 356KB 🔍
　⬇ ⚙   .pdf 1MB 🔍

법무법인　　　입니다.

귀사(하)의 무궁한 발전을 기원합니다.

당 법무법인은 주식회사　　　방송의 지식재산권관리 대행업무의 수임인으로써　　　방송의 권익보호를 위해
지식재산권 침해행위에 대한 법적분쟁 조정업무를 수행 중에 있습니다.

귀사(하)께서는　　　방송의 사전허가 없이　　　방송 방송저작물의 무단사용 및 배포행위가 확인되어,
저작권 침해에 대한 손해배상청구를 하기 앞서 문서 전달 드리오니 첨부된 공문을 확인 바랍니다.

당 법무법인은 주식회사　　　방송으로부터 저작물 관리대행에 대한 위임을 받아
　　　방송의 지식재산권 보호를 위해 귀사(하)의 침해행위에 대한 증제물을 확보한 상태입니다.

조정·협의 기간은 아래와 같습니다

. 기 간 :　　　　　　　　　　　　까지
. 연락처 :
. 이메일 :
. 상 담 :

본 업무 이후의 불필요한 법적분쟁을 피할 기회를 드리고자 하는 것이니
이 점 양지하시고 담당자에게 연락주시기 바랍니다.

　저자가 실제로 받은 메일을 공유합니다. 법무법인에서는 저자가 올린 포스팅을 캡처
하여 증거로 첨부파일을 제시하였고, 진지한 메일 내용에 매우 놀랐습니다.

　이처럼 저작권 문제는 생각보다 큰 문제가 될 수 있으니 허락받은 자료만 사용하시
길 추천합니다. 저자는 업체에서 요청을 받아서 드라마 한 장면의 캡처 사진을 올렸기
때문에 큰 문제가 없었지만, 블로거가 일방적으로 포스팅을 했다면 문제가 될 수도 있
었을지도 모르기 때문입니다.

월 100만 원 번다는 광고들에 현혹되지 말자

네이버 애드포스트는 네이버에서 제공하는 광고노출 및 수익공유 서비스입니다. 내 블로그 글과 관련된 광고가 글의 중간이나 하단에 나오고, 그 광고를 클릭하거나 구매하는 사람이 있으면 블로거에게 일정 수익이 나는 구조입니다. 미성년자나 비영리법인을 제외하고 네이버 회원이라면 누구나 애드포스트 서비스 신청을 할 수 있습니다.

블로그 애드포스트로 월 100만 원 번다는 광고를 보았습니다. 물론 벌 수는 있습니다. 하지만 이제 블로그를 막 시작하는 사람이 애드포스트를 통해 월 100만 원 번다는 건 거의 불가능에 가깝습니다. 저자의 실제 사례를 통해 설명해 드리겠습니다.

1. 처음에는 치킨값 벌기로 만족합시다.

저자는 2020년 8월에 네이버 애드포스트를 시작했습니다. 애드포스트를 통해 첫 달에는 3,622원을 벌었습니다. 그러다 5개월 후인 2021년 1월에는 40,573원을, 그다음 달인 2021년 2월과 3월에는 각각 128,117원과 133,068원의 수익을 냈습니다.

약 13만 원의 애드포스트 수익을 냈던 2021년 3월 블로그의 조회 수는 16,970건이고, 이를 31일로 나누면 한 달간 약 547건의 글이 읽힌 셈입니다. 애드포스트로 월 100만 원을 벌려면 일간 조회 수가 약 4,102건은 되어야 한다는 소리이니, 초보 블로거에게는 그게 얼마나 어려운 일인지 알게 되셨을 겁니다.

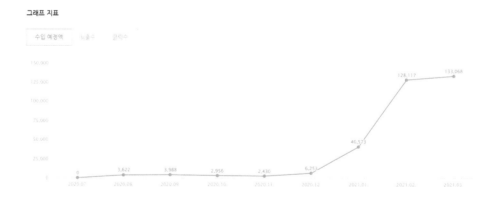

블로그를 이제 시작하는 초보 블로거라면 처음에는 치킨값 벌기로 만족합시다. **꾸준** 하고 성실하게 쓰다 보면 블로거에게 수익은 자연스럽게 따라올 것입니다. 저자의 경험을 통해 당신의 시작은 미약하나 끝은 창대할 것임을 의심치 않습니다.

2. 지인끼리 서로 광고 클릭하다가, 블로그 문 닫아요.

네이버 애드포스트는 내 블로그에 보이는 광고의 노출 수, 클릭 수 등으로 수익을 내는 구조입니다. 그래서 블로그 이웃끼리 품앗이하며 서로의 블로그 광고를 클릭해 주는 경우가 종종 있었습니다. 이처럼 악용하는 사례가 늘자 2021년 8월부터 애드포스트에서는 품앗이를 무효 클릭의 행위라고 보고 적극적으로 대응하기 시작했습니다.

안녕하세요 네이버 애드포스트입니다.
서비스 이용이
제한되었습니다.

고객님께 애드포스트 이용제한에 대한 안내말씀 드립니다.

안녕하세요. 창작자님
고객님의 네이버 애드포스트 활동 중 일부가 이용약관 및 운영원칙에 위반되어
서비스 이용이 제한되었습니다 (이용제한번호 : 5703)

제한 일시		계정 상태	이용제한
제한 사유	안녕하세요. 애드포스트 운영자입니다. 애드포스트는 광고주의 이익을 보호하기 위해, 어떠한 방식으로든 무효클릭을 발생시키거나 이를 유도하는 행위를 제한하고 있습니다. (이용약관 제8조 제1항 제6호 위반 등) 그러나 창작자님의 미디어에서 부당한 방법을 이용하여 애드포스트 수입금을 발생시킨 사실이 확인되었습니다. 따라서, 애드포스트 서비스 이용을 제한하오니 이점 참고하여 주시기 바랍니다. 감사합니다.		

부정한 방법으로 광고를 노출시키거나 클릭을 반복하여 광고주에게 손해를 주거나 자신 또는 제3자에게 이익을 주는 행위가 확인될 경우, 블로거는 애드포스트의 '이용 제한'을 받을 수 있습니다. '이용 제한' 이후에는 광고의 게재 및 누적된 수입의 지급 절차가 중지되고 부당한 방법으로 발생한 수입금은 모두 회수되어 광고주에게 환급됩니다. 또한 '이용 제한'을 3회 이상 받는 경우 애드포스트 서비스의 이용이 영구히 제한되거나 강제로 탈퇴 될 수 있다고 하니 이웃 간 품앗이는 참아주세요.

파트 2

당신이 블로그를 하면서

돈을 못 버는 이유

나에게 맞는 블로그 글쓰기 습관 만들기

새로운 습관을 몸에 익히는 데 약 한 달간의 시간이 필요하다고 합니다. 저자는 블로그를 시작하고 한 달 정도 매일 블로그에 글쓰기를 하며 '매일 블로그 포스팅하기'라는 습관을 몸에 익혔습니다. 이 습관을 만들기 위해서 몇 가지 절차가 있었습니다. 저자가 자신에게 맞는 블로그 글쓰기 습관을 만든 노하우를 알려드리고자 합니다.

첫 번째로 블로그에 글을 쓰는 시간을 정했습니다. 당시 아이가 만으로 2살이었기에 아이를 어린이집에 등원시키고 바로 글을 작성했습니다. 육아를 하면서 두 가지 일을 하는 게 어렵다는 점에 동의합니다. 하지만 잠시 시간을 내어 한 시간 정도 글을 쓰는 것은 육아맘에게 힐링의 시간이 되기도 하므로 몰입할 수 있는 시간을 만들어보세요. 블로그는 글을 발행한 날짜와 시간이 기록되어 자신의 발전 과정을 돌아볼 수 있고, 스스로가 이뤄낸 글쓰기 결과물을 보며 큰 보람도 느낄 수 있다는 장점이 있습니다.

두 번째로 저자가 블로그에 글을 쓰고 있다는 것을 많은 사람에게 알렸습니다. 특히 가족에게는 1일 1포(하루에 포스팅 1건 올리기)를 하기로 선언을 하며 글을 쓸 때마다 공유했습니다. 같이 블로그를 시작한 블로거들과 단체 채팅방에 포스팅을 공유하며 서로의 글에 따뜻한 응원을 하고, 때로는 긍정적인 자극을 받기도 했습니다. 블로그 독자가 많든 적든 누군가가 본다는 것만으로도 우리에게는 글을 쓸 이유가 충분합니다.

세 번째로 꼭 써야만 되는 명분을 만들었습니다. 저자 역시 때로는 글쓰기를 쉬고 싶을 때가 있었습니다. 그래서 며칠 쉬고 다시 블로그 창을 열었는데 글이 잘 써지지 않았습니다. 블로그는 역시 습관이 중요하다는 걸 크게 깨달았습니다. 그때부터 블로그를 쉬지 않고 하기 위해 체험단과 협찬(이하 체험단)을 받기 시작했습니다.

체험단은 배송이 되거나 체험이 끝나면 일정한 시간 내에 블로그 포스팅을 끝내야 합니다. 마감 시간을 지키지 않으면 페널티를 받아 다음번 체험을 하지 못할 수도 있고, 업체와 약속을 했다는 점 때문에 글쓰기를 미룰 수 없습니다. 저자도 체험단을 하며 블로그 글쓰기를 습관으로 만든 사람 중 하나이기에 블로그 성장에 무리가 가지 않는 적절한 양의 체험단을 추천해 드리는 이유이기도 합니다.

✉ '[도서]   콘텐츠 등록 기간이 경과되었습니다. 콘텐츠를 등록해주세요.

✉ 주의 1회 페널티가 적용되었습니다.

✉ '[도서]   콘텐츠 등록 기간이 1일 남았습니다. 콘텐츠를 등록해주세요.

✉ '[도서]   콘텐츠 등록 기간이 3일 남았습니다. 콘텐츠를 등록해주세요.

✉ '[도서]   상품 배송이 시작되었습니다.

✉ '[도서]   캠페인의 인플루언서로 선정되었습니다.

네 번째로 크게 꿈꾸고 적게 기대했습니다. 블로그를 시작하며 누구나 파워블로거나 인플루언서가 되기를 꿈꿉니다. 저자 역시 그런 꿈을 가지고 블로그를 시작한 사람 중 한 명입니다. 파워블로거라는 타이틀이 없어지고 인플루언서로 명칭이 변화되었는데 이 중에는 블로그를 시작한 지 오래된 분들이 많습니다. 우리는 이제 블로그를 시작하는 단계이기에 그분들과 비교하기에 매우 이릅니다. 블로그를 빨리 성장시키고 싶다면 방문자 수와 조회 수에 연연하기보다는 매일 '1일 1포 하기'와 같은 구체적인 목표를 가지거나 '10년 동안 블로그 하기'처럼 큰 꿈을 가지고 나아가시면 좋겠습니다.

멋진 작품을 만들기 위해 좋은 재료를 먼저 모으는 것이 중요하듯이, 초보 블로거에게는 꾸준한 글쓰기의 과정이 필요합니다. 누군가와 비교하지 않고 나만의 기준으로 하루하루 성실하게 글을 쓰다 보면 목표는 언젠가 이루어질 것입니다.

다섯 번째로 블로그 글쓰기의 목적을 정했습니다. 중요한 일정이 있거나 아이가 아플 때는 종종 블로그 포스팅이 뒷전으로 밀리기도 합니다. 그럴 때마다 블로그를 통해 무엇을 이루고 싶었는지를 떠올리고 목표를 재정비하는 시간을 가진다면 글쓰기 시간이 스트레스가 아닌 자신의 미래를 꿈꾸는 힐링의 시간이 될 수 있습니다.

검색 잘 되는 포스팅 제목 만들기
〈키워드마스터〉

저자가 블로그를 시작하고 제일 먼저 맞닥뜨린 어려움이 바로 '포스팅 제목 짓기'였습니다. 이웃의 글을 보다 보면 제목을 의식의 흐름대로 작성하는 블로거도 있고, 이모티콘을 넣는 블로거도 있습니다. 하지만 네이버 이용자들이 정보를 검색했을 때 가장 먼저 보는 것이 제목과 섬네일이므로 제목에 신경을 많이 써야 합니다.

블로거가 글을 쓰고 발행을 누르면 약 2~3시간 후 검색창에서 그 글이 검색됩니다. 네이버 검색 키워드에 맞는 제목을 작성해야 상위 노출이 될 가능성이 있습니다. 열심히 블로그 포스팅을 했는데 아무리 검색해도 내 글이 나오지 않는다면 사실 블로그 글쓰기를 해야 할 이유가 없겠죠.

물론 블로그 운영 초기에는 제목을 잘 써도 검색이 잘되지 않을 수도 있지만, 몇 달 동안 꾸준히 1일 1포를 한다면 상위 노출을 할 가능성을 높일 수 있습니다.

저자는 '키워드마스터'(https://whereispost.com/keyword)를 이용합니다. 키워드마스터 이외에도 블랙키위(https://blackkiwi.net), 키자드(https://keyzard.org), 리얼키워드(http://realkeyword.co.kr) 등의 사이트가 있으므로 둘러보시길 바랍니다.

빅데이터 기반 키워드 분석 플랫폼, 블랙키위

키워드 분석을 통해 마케팅 콘텐츠의 유입률을 늘리고, 사업을 확장시켜보세요.

| NAVER ˅ | 관심 키워드를 입력하세요. | 🔍 |

✨ 키워드 마법사

키워드 입력

최대 5개의 키워드 입력 가능 ex) 과일 채소 고기 우유 라면

[키워드 검색]

연관 키워드 수

연관 키워드 수 ˅

고급 키워드 얻기

[고급 키워드 얻기]

특급 키워드 얻기

[특급 키워드 얻기]

리얼 키워드 Real Keywords

[조회]

키워드	PC	MO	SUM	DOC	NTD

사용 방법

조회시 출력되는 테이블별 정보는 다음과 같습니다.

PC : 해당 키워드의 데스크컴퓨터에서의 조회수 입니다.

MO : 해당 키워드의 모바일(스마트폰,테블릿)등에서 조회되는 조회수입니다.

SUM : pc 와 MO 조회수의 합산 조회수입니다.

DOC : 조회 키워드의 네이버 블로그탭에서 집계된 문서수입니다. 문서량은 낮을수록 신규키워드 이거나 경쟁률이 낮으며, 상위에 올라갈 확률이 높습니다.

NTD : 블로그탭의 정확도 순으로 집계된 1위~10 위 까지의 블로그 플랫폼입니다. N 은 네이버블로그를 뜻하고 T 는 티스토리, D 는 다음블로그 , E 는 기타 도메인 주소로 등록된 워프,티스,네이버블로그를 뜻합니다.

먼저 키워드마스터에 접속합니다.

검색창에 내가 쓰고자 하는 키워드를 적습니다. 저자는 아이와 키즈카페에 다녀온 후 글을 작성할 예정이므로 '용인(지역명) 키즈카페'로 작성했습니다.

-	키워드	PC 검색량	모바일 검색량	총조회수	문서수	비율
-	용인키즈카페	430	7,030	7,460	23,529	3.154

관련키워드 📋

용인 키즈카페 용인 수지 키즈카페 용인 대형 키즈카페 프레리키즈카페 용인서천점 점프노리키즈카페 용인수지상현점 용인키즈카페 위치 용인 키즈카페 황진자

그러면 관련 키워드에 '용인 수지 키즈카페', '용인 대형 키즈카페' 등이 나옵니다. 관련 키워드에는 관련된 키워드나 사람들이 많이 검색한 키워드가 나옵니다. 여기에서 PC 검색량은 PC에서 검색된 양이고, 모바일 검색량은 스마트 기기에서 검색된 양입니다. 총 조회 수는 PC와 모바일을 합친 양이며 문서 수는 관련된 블로그 글의 양입니다. 비율은 문서 수와 총 조회 수에 대한 비율입니다.

관련키워드 📋

용인 키즈까페 용인 키즈카페 용인키즈카페 용인키즈카페 위치

-	키워드	PC 검색량	모바일 검색량	총조회수	문서수	비율
-	용인키즈까페	70	3,020	3,090	4,232	1.370
-	용인키즈카페	430	7,030	7,460	23,529	3.154

52

이번에는 '용인 키즈까페'로 검색했습니다. '용인 키즈까페'와 '용인 키즈카페'의 다른 점이 보이시나요? 검색량이 '용인 키즈카페'가 2배 이상 많고, 문서 수는 약 6배 정도 많습니다. 이럴 때 네이버 인플루언서는 '용인 키즈카페'라는 키워드를 사용할 것입니다. 총 조회 수가 많기 때문이죠. 하지만 초보 블로거는 경쟁이 치열한 키워드보다는 경쟁이 상대적으로 덜 치열한 '용인 키즈까페'를 사용하는 것이 좋습니다.

이제 우리가 '용인 키즈까페'라는 키워드를 사용하기로 했다면 제목을 짓기 한결 쉬워졌습니다. 만약 키즈카페 이름이 유리한맘이라면 '5세 아이가 좋아하는 용인 유리한맘 키즈까페'나 지역명을 더 넣어서 '용인 수지 유리한맘 키즈까페 다녀온 후기' 정도로 쓰시면 적절합니다.

제목에 키워드는 1~3개 정도 적으시면 됩니다. 너무 경쟁이 치열한 키워드이거나 검색량이 거의 없는 키워드는 거르고, 내가 쓴 글의 내용과 어울리도록 키워드를 적절히 섞으면 가장 좋은 제목이 됩니다.

만약 키워드는 골랐는데 제목 정하기가 너무 어렵다면 키워드마스터 오른쪽 블로그 순위에 있는 블로그들의 제목을 참고하시면 됩니다. 네이버 검색에서 상위 노출된 블로그들이 모여있으므로 초보 블로거가 제목을 지을 때 큰 도움이 됩니다.

N   **용인 키즈**   ✉ ▲ ◯

   용인 키즈까페
   용인 키즈카페

그리고 적절한 제목을 정하고 나서 네이버 검색창에 키워드를 적어보는 것이 좋습니다. 검색창에는 띄어쓰기가 없는 '용인키즈카페'가 아닌 '용인 키즈카페'로 나오므로 제목과 글 내용에는 반드시 띄어쓰기가 되어 있는 '용인 키즈카페'나 '용인 키즈까페'로 작성하시길 추천합니다.

방문자가 오래 머무는, 읽기 편한 글쓰기
〈서체, 글자 크기, 인용구〉

검색이 잘 되는 제목으로 블로그 포스팅을 했다면, 사람들이 여러분의 글을 읽으러 올 것입니다. 그런데 이런 경우가 있습니다. 글 내용은 괜찮은 것 같은데 뭐라고 쓰여 있는지 읽기가 어려운 것이죠. 서체와 글자 크기, 인용구가 적절하지 못한 경우입니다.

네이버 블로그에는 총 9가지의 서체가 있습니다. 기본서체, 나눔고딕, 나눔명조, 나눔바른고딕, 나눔스퀘어, 마루부리, 다시시작해, 바른히피, 우리딸손글씨입니다. 저자는 나눔바른고딕체를 사용하고 있습니다.

나눔바른고딕체 vs 우리딸손글씨

얼마 전 블로그 이웃이 쓴 글을 읽은 적이 있습니다. '우리딸손글씨체'를 사용하여 정보 글을 작성했는데, 글자 크기가 매우 작게 설정되어 있어서 뭐라고 썼는지 도통 알 수 없었기에 끝까지 읽지 못했습니다. 블로그에 글을 작성할 때는 타인이 읽을 때 불편함이 없도록 배려해야 합니다. 블로그는 남녀노소 상관없이 모두가 들어올 수 있는 공간이기 때문이죠.

글자 크기도 가독성에 영향을 줍니다. 저자는 글자 크기를 16으로 사용하고 있는데 이보다 너무 작거나 크면 모바일에서 읽기 어려울 수 있기에 읽기에 적절한 크기로 사용해야 합니다.

블로그에는 인용구가 있습니다. 따옴표, 버티컬 라인, 말풍선, 라인&따옴표, 포스트잇, 프레임 이렇게 6가지입니다. 글이 길어지면 읽기 지루할 수 있는데 인용구를 사용해 중요한 부분에 포인트를 주면 가독성이 좋아지고 읽는데 재미를 줄 수 있으니 사용해 보시기 바랍니다.

블로그 글은 모바일로 접속하여 보는 경우가 많기에 모바일 환경에 맞추는 것이 좋습니다. 사진이 거의 없이 글이 너무 길고 많으며 띄어쓰기가 잘 되어 있지 않은 글은 독자들이 오래 보기가 어렵습니다.

저자는 글을 작성하기 전에 모바일 환경에 맞도록 블로그 화면을 모바일 화면으로 변경합니다. 블로그 오른쪽 하단을 보면 PC 화면에서 모바일이나 태블릿 화면으로 변경할 수 있는 버튼이 있습니다. 키워드마스터에서 검색량을 보신 것처럼 블로그에 모바일로 들어오는 독자가 많기에, 모바일 화면으로 선택하여 글을 작성하면 띄어쓰기를 보기 좋게 할 수 있습니다. 또한 왼쪽 정렬, 오른쪽 정렬, 가운데 정렬, 양 끝 정렬 중에서 블로거가 쓰는 글에 어울리도록 정렬하기까지 한다면 블로그 방문자가 오래 머무는 읽기 편한 글이 완성됩니다.

디자인 초보도 가능한, 전문가 뺨치는 섬네일 만들기
〈미리캔버스〉

섬네일을 사전에서 찾아보면 '인터넷 홈페이지나 전자책(e북) 같은 컴퓨팅 애플리케이션 따위를 한눈에 알아볼 수 있게 줄여 화면에 띄운 것'이라고 합니다. 우리가 검색하고 블로그를 클릭하기 전에 볼 수 있는 대표 사진을 뜻하죠.

유리한맘의 유리한육아   2022.02.07.

4살아이 43개월 **44개월 키** 몸무게 공유해요

4살아이 43개월 **44개월 키** 몸무게 공유해요 by. 유리한맘 안녕하세요. 유리한맘입니다... 43개월 44개월 평균 키와 평균 몸무게 여아 키 94.1-102.2cm 남아 키 95.7-103.7cm 여아 몸무게 14-16kg...

#4살아이   #43개월   #44개월   #4살아이키   #4세아이   #4살아이몸무게   #43개월키   #44개월키

'44개월 키'라는 키워드로 검색했을 때 보이는 저자 블로그 글의 PC 화면입니다. 제목과 간략한 내용, 해시태그가 있고 가장 오른쪽에 섬네일이 있습니다. 섬네일은 블로거가 대표 사진으로 설정한 사진이 나옵니다. 같은 키워드로 검색된 다른 블로거는 그냥 사진을 올렸는데 저는 독자에게 더 눈에 띄기 위해 섬네일을 꾸몄습니다.

그렇다면 이런 섬네일은 포토샵으로만 가능할까요? 대답은 '아니오'입니다. 저자는 저작권 걱정이 없는 '미리캔버스'라는 국내 디자인 플랫폼을 사용하고 있습니다.

미리캔버스(https://www.miricanvas.com)는 포토샵을 하지 못하는 사람들도 매우 쉽고 편하게 만들 수 있는 디자인 플랫폼입니다. 블로거뿐만 아니라 회사나 교육업계에서도 활용하고 있으며 최근에는 초등학생들도 많이 사용할 정도로 쉽습니다.

얼마 전까지만 해도 미리캔버스는 모든 기능이 무료였으나, 지금은 일부 유료로 변경되었습니다. 그러나 굳이 유료로 결제하지 않아도 무료로 사용할 수 있는 기능이 많아서 블로거들에게 여전히 각광을 받고 있습니다.

미리캔버스 사이트에 로그인하고 카드 뉴스 중에서 내가 쓰고자 하는 글과 어울리는 템플릿을 고릅니다. 사용할 수 있는 템플릿도 매우 다양합니다. 육아 정보 글을 쓰고자 한다면 '육아'라고 검색하여 나오는 여러 템플릿들 중에서 마음에 드는 것을 하나 선택하여 본인이 원하는 대로 디자인을 자유롭게 수정하면 됩니다.

사진을 삽입하거나 서체와 서체 크기, 색상을 변경할 수도 있습니다. 서체도 고딕, 명조, 손글씨 등 매우 다양하고 많이 제공되고 있습니다. 사용할 수 있는 색상도 많아 디자인을 배우지 않았더라도 누구나 디자이너 뺨치는 훌륭한 디자인을 만들어 낼 수 있습니다. 실제로 회사에서 미리캔버스를 활용해 섬네일이나 상세페이지를 만드는 디자이너도 많이 보았기에 해보시길 추천합니다.

미리캔버스에서 디자인을 완성하면 다운로드를 해야 합니다. 다운로드는 크게 웹용, 인쇄용, 동영상으로 나누어져 있습니다. 웹용은 웹에서 사용하는 용도로 저장하는 것입니다. JPG, PNG, PDF, PPT를 다운로드할 수 있습니다. 인쇄용은 그야말로 인쇄를 할 수 있는 용도로 저장하는 것입니다. 인쇄용은 JPG, PDF로, 동영상은 MP4와 GIF로 저장할 수 있습니다.

개별 요소 이미지화 (권장)   ✓

텍스트 편집 가능

통 이미지 (빠른 다운로드)

저자가 미리캔버스를 통해 강의자료를 만들 때는 PPT로 저장하면서 개별 요소를 이미지화합니다. 개별 요소 이미지화의 장점은 다른 컴퓨터에 내 PPT에 있는 서체가 없더라도 PPT가 이미지화가 되어 있기에 문제가 발생하지 않는다는 점입니다.

블로그에 글을 작성할 때 동영상을 촬영하지 못했다면 미리캔버스에 작업한 자료를 활용해 MP4로 만들면 됩니다. 네이버에서 검색할 때 최대한 많은 카테고리에서 블로그가 검색될 수 있도록 하는 것이 좋은데, 미리캔버스의 이 기능을 활용하면 동영상 카테고리에서도 여러분의 블로그가 검색될 수 있으니 꼭 사용해 보세요.

초보 블로거에게는 필수! 이웃 추가하기
〈해시태그〉

우리 주변에 이웃사촌이 있듯이 네이버 블로그에도 이웃이 있습니다. 어느 정도 연차가 된 블로거들은 이웃과의 교류 활동이 선택사항이지만 초보 블로거가 블로그를 성장시키는 데 이웃을 추가하는 것은 필수라고 할 수 있을 정도로 중요합니다.

처음 글을 발행하면 상위 노출도 쉽지 않을 뿐 아니라 혼자만 이야기하는 것 같아서 외로울 때가 있습니다. 우리가 힘들 때 친한 친구들이 기운을 불어넣어 주듯이 블로그 이웃들은 여러분의 블로그 글을 읽고 긍정적인 댓글을 달아주며 우리가 그들의 블로그에 방문해 주면 크게 기뻐해 줍니다. 이런 교류 활동이 우리의 매일 글쓰기 습관을 만들고 방문자 수와 조회 수를 높이는 데 큰 도움을 줍니다.

이웃을 추가하는 것은 어렵지는 않지만 약간의 시간과 손품이 필요합니다. 여러분에게 저자가 시도했던 여러 가지 이웃 추가 팁을 알려드리겠습니다. 첫 번째로 내가 관심이 있는 주제의 글을 쓰는 이웃에게 서로 이웃을 요청합니다. 우리는 육아 블로거를 목적으로 하기에 육아에 관련된 정보나 또래 아이를 키우는 블로거를 추가하면 되겠죠. 서로 관심사가 비슷하다면 글을 읽고 댓글을 다는 게 어렵지 않을 것이기에, 같은 관심사를 가진 육아 블로거와 이웃이 되는 것이 좋습니다.

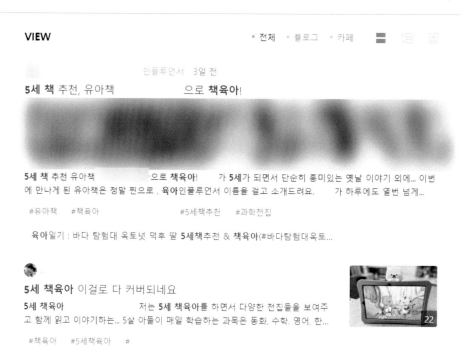

5세 아이를 키우고 있고 책으로 하는 육아에 관심이 있는 엄마라면 '5세 책육아'라는 키워드로 글을 작성하는 블로거를 공략하면 좋습니다. 일상생활에서도 취미가 같은 친구와 이야기하는 것이 편한 것처럼 관심 주제를 쓰는 블로거와 이웃이 되면 댓글을 다는 것도 수월합니다.

두 번째로 A라는 육아 블로거와 이웃이 되었다면 A가 쓴 최신 글에 댓글을 단 블로거들에게 이웃을 신청하는 것입니다. 최신 글에 달린 댓글을 봐야 하는 이유는 간단합

니다. 최근에 활동한 블로거일수록 나와 이웃이 될 확률이 높기 때문입니다. 그리고 댓글을 달아주는 블로거들은 대부분 서로 이웃 요청을 수락해 줍니다.

세 번째로 이웃 추가 해시태그를 달아서 글을 발행하는 것입니다. 저자가 활용하는 해시태그는 #이웃, #이웃환영, #이웃추가, #서로이웃, #서로이웃환영, #서로이웃추가, #서이추입니다. 이런 해시태그를 걸어 놓으면 내가 손품을 팔지 않더라도 다른 블로거가 태그를 검색하거나 타고 들어와서 서로 이웃을 요청하기에 매우 편리합니다.

네 번째로 블로그 홈에서 서로 이웃이 포함된 글을 작성한 블로거를 찾는 것입니다. 저자는 현재 이웃이 많기에 해시태그로 달기만 해도 이웃을 요청하는 분들이 있지만, 초보 블로거들에게는 서로 이웃 신청이 많지 않을 수밖에 없기에 직접 찾아가는 것이 이웃 늘리기에 좋습니다.

우리 서로이웃해요~

안녕하세요~ 유리한맘 님이 운영하시는 포스팅 잘 보았습니다^^ 공감가는 내용이 많더라고요~ 글 하나하나 공들이신게 보이고 정성스러운 포스팅에 고맙고 감사합니다. 자주 뵙고 싶습니다~

다섯 번째로 서로 이웃 메시지를 정성스럽게 작성하는 것입니다. '우리 서로 이웃해요~'라는 기본 멘트보다 정성이 들어가면 이웃을 수락해 줄 가능성이 높아집니다.

파트 3

당신도 육아 블로그를

시작하면 좋겠습니다

당신의 핸드폰에는 어떤 사진이 있나요?
〈주제 선정하기〉

　블로그를 시작하고 싶은데 대체 어떤 주제를 써야 할지 고민이라면 첫 번째로 자신의 핸드폰 갤러리 앱을 열어보는 것이 좋습니다. 저자도 초보 블로거일 때 어떤 주제로 글을 써야 할지 많이 고민했습니다. 그리고 핸드폰 갤러리 대부분을 차지하는 아이 사진을 보며 '육아 블로거'가 되는 것이 좋겠단 생각을 하게 되었습니다.

두 번째로 전문성을 가지고 싶은 분야를 선정하는 것입니다. 만약 '아동 발달 전문가'가 되고 싶다면 관련된 글을 작성하면 됩니다. 당장 전문가가 아니라도 상관이 없습니다. 중요한 건 내가 얼마나 그 주제에 대해 꾸준하게 글을 쓰느냐입니다.

육아 블로거가 되기로 결심했다면 육아라는 특정 카테고리에 대해 전문성을 가지고 글을 작성하는 것이 좋습니다. 카테고리에 대한 전문성이 있다면 네이버 인플루언서로 선정될 확률이 높아지기 때문입니다.

그렇다고 해서 특정 카테고리에 대해서만 글을 작성하는 건 매우 어려운 일입니다. 개인의 관심사는 언제든지 바뀔 수 있고 각자가 처한 환경에 따라 전하고 싶은 이야기가 달라질 수 있기 때문입니다.

세 번째로 초보 블로거일수록 처음에는 특정 주제로 한정 짓지 않고 글을 작성하는 것입니다. 저자도 핸드폰 갤러리에 있는 아이 사진을 활용하여 육아 카테고리를 주력으로 하기는 했지만, 심리 테스트와 취미생활, 요리, 맛집, 뉴스 등 다양한 주제에 대한 글을 작성했습니다.

육아 블로거라고 해서 육아에 관련된 글만 작성해야 한다는 압박감을 가지는 사람들이 있습니다. 그러면 오히려 자신이 쓰고 싶은 글을 쓰지 못해 스트레스를 받게 되고 그것은 곧 블로그 포스팅을 멈추게 되는 계기로 이어질 수 있습니다. 자신에게 스스로 제약을 걸거나 압박을 주지 말고 마음이 가는 대로 글을 쓰다 보면 자신만의 스타일을 가진 블로거가 될 수 있을 것입니다.

지역 맘카페에서 엄마들은 무슨 이야기를 하나요?
〈맘카페 활용법〉

저자가 임신 사실을 안 후에 가입한 곳이 바로 맘카페입니다. 맘카페는 살림, 육아, 지역 정보 등의 정보 공유를 목적으로 엄마들이 모인 네이버 카페입니다. 지역 카페의 경우 카페명은 지역 이름을 따서 짓는 경우가 많습니다. 만약 서울 잠실에 거주한다면 네이버 카페에서 '잠실 맘카페'라고 검색하면 찾을 수 있습니다. 본인이 거주하는 지역 맘카페에 가입하여 엄마들이 어떤 이야기를 하는지 살펴보면 요즘 육아 정보와 트렌드를 알기 쉽습니다.

5세 아들		검색

카페에 가입한 후 블로그에 쓰고 싶은 주제에 대해 검색해 봅니다. 저자는 5세 아들을 키우고 있기에 '5세 아들'이라는 키워드를 검색해 보았습니다.

5세 아들 머릿속에 카봇만 있는것같아요..ㅋㅋㅋ [8]

5세 아들 어린이날 선물 뭐사셨어요? [10]

5세 아들 여름에 긴바지 위주로 사주는것도 괜찮나요? [6]

5세아들 과장없이 1초도 가만있는 시간이 없네요 [9]

5세 아들 뽀로로 자동차마을주차타워 산다만다?! 😊 [6]

위와 같이 5세 아들에 대한 글이 검색됩니다. 5세 아들에 대해 어떤 글을 써야 할지 고민이라면 '카봇, 어린이날 선물, 긴 바지, 뽀로로 자동차' 등의 키워드 중에서 골라서 작성하면 되니 매우 편리합니다.

속초 4살 아이와 비오는 날 어딜 가야할지 조언 좀 해주세요 [9]

속초 처음가는데 4살 아이와 가볼만한곳 있나용? [5]

39개월 아이와 삼척 쏠비치 vs 속초 설악비치 켄싱턴 ? [3]

아이와 여행을 가는 포스팅을 하고 싶다면, 미리 맘카페에서 검색하고 여행을 떠나는 것도 하나의 방법입니다. 아이와 방문할 수 있는 장소와 정보를 미리 알아두면 여행을 더 즐겁게 할 수 있고 다녀와서 작성할 수 있는 포스팅도 많아지므로 육아 블로거라면 맘카페를 적극적으로 활용하시길 바랍니다.

다른 육아 블로그에는 어떤 글이 올라오나요?
〈1. 이웃 육아 블로그 활용법〉

지역 맘카페에서 쓰고자 하는 키워드를 찾았지만 어떻게 글을 써야 할지 모르겠을 경우에는 이웃 육아 블로그를 활용하면 좋습니다. 연차가 오래되고 글이 많다고 해서 반드시 좋은 블로그는 아닙니다. 저자가 생각하기에 초보 블로거가 참고하기 좋은 블로그란 글을 자신만의 스타일로 매력적인 글을 쓰는 육아 블로거라고 생각합니다.

사진들 중에서 마음에 드는 사진을 클릭하시면
오른쪽에 Free Download라고 초록색 버튼이 떠요!

여기서 사용하실 크기의 이미지를 선택하시고
마찬가지로 아래 다운로드 초록색 버튼을 눌러주세요~!!

위는 저자가 블로그에 작성했던 가장 첫 글입니다. 내용에는 큰 문제가 없지만 중간 여백이 매우 길거나 들쑥날쑥하고, 관련된 사진이 없어 내용이 잘 이해가 되지 않습니다. 다른 블로거의 글을 보지 않고 일방적으로 쓰고 싶은 대로 글을 썼기 때문입니다. 이제 저자가 다른 블로그를 참고할 때 사용했던 몇 가지의 방법을 알려드리겠습니다.

VIEW
　　　　　　　　　　　　　　　• 전체　• 블로그　• 카페

인플루언서

5세 키즈 마스크　　　로 정착

5세 키즈 마스크　　　로 정착 안녕하세요.　　　이에요. 어쩜 아이 사이즈에 맞는 키즈 마스크를 찾기가... 요즘, **5세 마스크**로 씌워주기 딱이지요ㅎㅎ 개별포장이라 아이 가방에 비상용으로 하나씩 넣어두기도...

#KF94마스크　　#KF94컬러마스크　　　　마스크　#유아마스크

　첫 번째로 본인이 쓸 수 있는 키워드를 검색해 봅니다. 저자는 '5세 마스크'로 검색을 했고 VIEW 탭에서 제일 먼저 나온 블로그에 들어가 보았습니다. 상위 노출된 블로그를 참고하는 이유는 저자 역시 포스팅을 상위 노출하고자 하기 때문입니다. 상단에 노출된 포스팅을 자주 참고하다 보면 여러분에게도 상위 노출의 기회가 생길 것입니다.

나이스 아이핀 발급 방법 아이 도서관 회원증 만들기 (2)

예쁜 여아옷　　　　　　　스커트 아동복 브랜드 (3)

신생아 아기 딸랑이세트 치발기도 되지요 (3)

집콕놀이 세상을 만들어봐요 엄마표미술놀이

유아수학 기초부터 탄탄하게 5살수학 (3)

4개월 아기 수면시간 원더윅스 쉽지않네 (4)

　두 번째로 이웃의 전체 글 제목을 훑어봅니다. '나이스 아이핀 발급 방법, 아이 도서관 회원증, 예쁜 여아 옷, 아기 딸랑이 세트, 치발기, 집콕놀이, 엄마표 미술 놀이, 유아 수학, 5살 수학, 4개월 아기 수면시간, 원더윅스' 등의 키워드를 수집하여 내 블로그 포스팅에 활용할 수 있으니 참고해보세요.

다른 육아 블로그에는 어떤 글이 올라오나요?
〈2. 네이버 인플루언서 키워드 챌린지〉

네이버 육아 인플루언서에 도전하고자 한다면 '네이버 인플루언서 검색'에서 라이프-육아 키워드 챌린지에 참여하는 것도 방법입니다. 물론 이 키워드 챌린지는 네이버 인플루언서가 된 사람들이 대부분 참여하지만 비슷한 내용을 담으면 네이버 인플루언서로 선정될 가능성을 높일 수도 있기에 도전해 보시길 바랍니다.

사실 네이버 인플루언서가 되기 위해서 구체적으로 어떤 글을 써야 한다는 정확한 정보나 가이드가 공개되어 있지 않습니다. 그래서 지금도 많은 블로거가 인플루언서로 선정되기 위해 다양한 방법으로 노력하고 있습니다.

키워드 챌린지에는 추천 키워드와 참여자 수가 있습니다. 이 중에서 하나를 골라서 읽어보기만 해도 상위 노출이나 글쓰기에 대한 팁을 얻을 수 있습니다. 그리고 참여자가 적은 추천 키워드로 포스팅을 했을 때, 본인의 글이 몇 번째로 노출이 되었는지를 보며 블로그의 위치를 돌아보는 데에도 도움이 될 것입니다.

추천 키워드를 클릭하면 포스팅한 육아 인플루언서들의 전문 영역과 채널을 볼 수 있습니다. 41명의 육아 전문가 중에서 육아 전문 블로거는 36명, 아동 발달 전문가는 5명이고 블로그, 포스트, 유튜브로 나뉘어 있습니다. 만약 유튜브를 운영하는 블로거라면 상위 노출이 될 확률이 높아집니다.

한 번에 글을 다 쓰지 않아도 된다고요?

〈임시저장〉

일하며 육아하는 바쁜 워킹맘이나 신생아를 키우며 살림까지 해야 하는 육아맘이라면 블로그 포스팅할 시간이 절대적으로 부족할 것입니다. 이럴 때는 짬짬이 글을 작성해야 합니다. 저자도 초보 블로거일 때 공부를 하고, 어린아이를 돌보아야 했기에 시간이 날 때마다 컴퓨터를 켜고 글을 썼습니다.

임시저장 글

총 62개

× 전체삭제

바다 휴게소
2022.03.15 12:10

몰회
2022.03.15 12:08

바쁠 때 포스팅하기 좋은 방법은 틈틈이 블로그에 임시저장을 하는 것입니다. 저자는 속초 여행을 다녀와서 바로 사진부터 블로그에 저장했습니다. 제목은 간단하게, 글 없이 사진만 저장하고 나서 글은 쓸 수 있을 때 쓰고 발행했습니다. 물론 임시저장을 하고 잊어버리면 아무 소용이 없습니다. 임시저장을 하고 빠른 시일 내에 포스팅을 마치겠다는 마음가짐과 그것을 실제로 해내는 실행력이 중요합니다.

에필로그

'육아 블로그는 어떻게 시작해야 하는 건가요?'
이 질문에 대답하기 위해 책을 쓰기 시작했습니다.

저자 역시 예전에 블로그 포스팅을 하고 싶지만 어떻게 하는지 몰라서 시작하지 못했던 경험이 있었기에 미래의 육아 블로거들에게 작게나마 도움을 주고 싶었습니다.

육아 블로그의 최고 장점은 '내 아이의 성장 일기'를 남길 수 있다는 점이라고 생각합니다. '언제부터 엄마라고 하기 시작했더라?', '수족관에 언제 갔었더라?'처럼 기억이 희미해질 때마다 블로그에 검색하여 그 순간을 다시 추억할 수 있어서 좋습니다.

터닝 포인트(turning point)는 사전적 의미로 '어떤 상황이 다른 방향이나 상태로 바뀌게 되는 계기. 또는 그 지점'을 말합니다. 어린아이를 키우는 육아맘이자 꿈이 많은 30대 중반인 저자에게 터닝 포인트를 준 것은 바로 '블로그'였습니다. 블로그에 포스팅을 하고 발행한 순간부터 인생의 방향이 서서히 바뀌기 시작했습니다.

가장 큰 변화는 바로 강사가 된 것입니다. 블로그로 나를 알리고, 나의 경험과 지식을 통해 누군가에게 도움을 줄 수 있는 직업을 가지게 되어 정말 기쁩니다. 또한 지역 기자단에서 활동하며 보람을 얻고, 회사에서 마케팅을 담당하며 '네이버 쇼핑 라이브'에서 쇼호스트로 활약하고 있습니다. 여러분도 블로그로 멋진 기회를 잡아보세요!

마지막으로 이 책을 쓰는 데 영감을 준 사랑스러운 아들 리한이와 늘 버팀목이 되어 준 남편, 항상 격려해 주시며 육아를 도와주신 양가 부모님과 가족들, 아낌없는 응원을 보내준 친구들과 동료들, 출판을 도와주신 윤들닷컴 이동윤 대표님 그리고 아이를 키우는 이 세상의 모든 부모님들께 사랑과 응원의 메시지를 보냅니다. 감사합니다.